Book Review | numéro 8

LA SEMAINE DE 4 HEURES
DE TIMOTHY FERRISS

— Comment libérer ses journées
pour se concentrer sur l'essentiel

par Anastasia Samygin-Cherkaoui

50MINUTES

50MINUTES

DEVENEZ UN PRO
EN BUSINESS !

La matrice **SWOT**

La théorie des **jeux**

Adam **Smith**

La règle des **80/20**

Le **freemium**

www.50minutes.com

ET TOUT CELA EN 4 HEURES !   5

MISE EN CONTEXTE   7
L'auteur
Contexte et courant

SYNTHÈSE DE *LA SEMAINE DE 4 HEURES*   9
Résumé
Éliminer
Notions-clés

RÉPERCUSSIONS DE L'OUVRAGE   17
Critiques de son approche
Extensions et approches similaires

EN BREF   21

POUR ALLER PLUS LOIN   23

ET TOUT CELA EN 4 HEURES !

Dans son ouvrage à succès, Timothy Ferriss part de son expérience personnelle pour émettre, sans surprise quand on se réfère au titre, une critique de la valeur travail, quand travail équivaut à souffrance, contrainte, aliénation... Dans cette perspective, sa vision se rapproche de celle de Paul Lafargue (écrivain et homme politique socialiste français, 1842-1911) : le progrès – technique pour Lafargue et technologique pour Ferriss –, est présenté positivement, car il est utilisé comme outil de libération. Libération des travailleurs chez Lafargue, libération personnelle chez Ferriss.

Ceci dit, le parallèle avec Paul Lafargue et son *Droit à la paresse* (1880) s'arrête là, en ce sens que, contrairement au gendre de Karl Marx, Timothy Ferriss n'est pas un idéologue. Il n'émet pas de critique sociale ou économique. Il n'émet d'ailleurs pour ainsi dire pas de critique du tout. Ferriss présente simplement son expérience et explique en quoi sa méthode, qui a été pour lui un gage de succès, peut être reconduite et adoptée – en tout ou en partie – par d'autres pour se faciliter l'existence tout en maintenant, voire en accroissant, leurs ressources financières.

QUELQUES DONNÉES

- **Référence ?** FERRISS (Timothy), *La semaine de 4 heures. Travaillez moins, gagnez plus et vivez mieux !*, Montreuil, Pearson, 2010.
- **1re édition ?** En 2007, sous le titre *The 4-Hour Workweek*.
- **Auteur ?** Timothy Ferriss (auteur, entrepreneur, investisseur et orateur américain, né en 1977 à East Hampton, New York, États-Unis).
- **Courant ?** Nouvelles technologies de l'information et de la communication, entrepreneuriat, développement personnel.
- **Mots-clés ?**
  - <u>Développement personnel</u> : pratique qui trouve son origine dans la philosophie antique et la psychologie humaniste et qui vise, comme son nom l'indique, à l'épanouissement de soi ;

- Technologies de l'information et de la communication (TIC) : dans sa défi-nition minimale, il s'agit des techniques et équipements informatiques permettant l'information et la communication à distance. Par extension, il s'agit du recours, non seulement à ces moyens techniques, mais également à leurs développements pratiques (parmi lesquels les réseaux sociaux et les applications de communication en temps réel) ;
- Optimisation : ou comment obtenir plus (d'argent, de plaisir, de satisfaction...) avec moins (de moyens). C'est tout le sens donné par Tim Ferriss à la loi de Pareto, selon laquelle on obtient 80 % des effets (ou de la satisfaction) avec 20 % des causes (ou des ressources).
- Externalisation : transfert de tout ou partie d'un travail à un partenaire externe. Dans le cas de Tim Ferriss, l'externalisation est même virtuelle, en ce sens qu'il n'a aucun contact direct avec ses « assistants ».

MISE EN CONTEXTE

Timothy Ferriss naît le 20 juillet 1977. Il grandit à East Hampton, dans l'État de New York. Après un passage par les neurosciences, il suit finalement des études sur les civilisations orientales à l'université de Princeton et obtient son diplôme en *East Asian Studies*.

Il commence alors par travailler pour une société de stockage de données. Rapidement insatisfait dans son travail, il crée sa propre entreprise, Brain Quicken, qui porte sur la vente en ligne de compléments alimentaires destinés à booster les performances du cerveau. Il fait par ailleurs à cette époque un usage personnel (et médicalement surveillé) de stéroïdes et de testostérone.

Par la suite, il va mener plusieurs activités de chef d'entreprise et d'investisseur, essentiellement dans des start-up. Se basant sur sa propre expérience, il développe une approche de la réalisation de soi et de la poursuite d'activités et d'objectifs via le recours assumé à l'externalisation et à la délégation. Ceci le conduira encore à développer un volet formatif dans ses activités, par la dispense de cours, l'animation d'une émission de télévision ou encore la mise en ligne de vidéos, accessibles via son blog.

On peut encore mentionner sa fascination pour les records et disciplines sportives : il est titulaire d'un record du monde de nombre de rotations de tango effectuées en moins d'une minute et, en 1999, il a remporté une médaille d'or en Sanda (art martial chinois). Sa victoire, bien que non contestée officiellement, fait néanmoins l'objet d'une controverse sur le fond, l'auteur ayant reconnu s'être fortement déshydraté avant la pesée afin de pouvoir concourir dans une catégorie de poids inférieure à la sienne. De plus, il a recouru à une subtilité de la règle, qui lui a valu de remporter tous ses combats par KO... technique : au lieu d'une victoire acquise du seul fait des résultats sportifs, il a fait en sorte que ses adversaires sortent du périmètre de combat et se trouvent ainsi éliminés. D'après lui, ces pratiques sont aujourd'hui monnaie courante.

CONTEXTE ET COURANT

Issu d'un courant lié aux nouvelles technologies, à l'entrepreneuriat et à la réalisation de soi, Timothy Ferriss représente à lui seul plusieurs facettes du développement personnel tel qu'il se conçoit depuis les années soixante-dix.

Le développement personnel résulte d'un mouvement de libération, dans les années 1960-1970, par rapport aux structures professionnelles, familiales ou encore religieuses qui prévalaient jusqu'alors. Il s'agit pour l'individu de se revendiquer tout à la fois comme tel et comme acteur de sa propre vie, dans une volonté émancipatoire et d'affirmation de soi. Le mouvement hippie et un certain engouement pour des spiritualités « autres » (orientales, indiennes, amérindiennes...) font alors leur apparition, tout comme des courants plus théoriques. Ceux-ci mèneront notamment à l'École de Palo Alto, dont les théories sont axées sur la communication et les relations entre l'individu et son environnement, et à ses développements tels que la PNL (programmation neurolinguistique), qui intègre davantage une dimension de changement, d'évolution de la personne.

SYNTHÈSE DE *LA SEMAINE DE 4 HEURES*

RÉSUMÉ

Se basant tout d'abord sur sa propre expérience, Tim Ferriss élabore une série de recommandations (on ne peut pas parler ici de théories) visant à améliorer ses performances professionnelles. De manière générale, cette amélioration tient en trois points.

ÉLIMINER

La première étape consiste à supprimer carrément de son agenda les tâches chronophages et qui ne rapportent rien (ou presque). Parmi ces tâches à éliminer : la plupart des réunions. Pour Ferriss, une réunion doit avoir une heure de début, une heure de fin et une finalité précise (elle doit obligatoirement aboutir à une prise de décision). Un grand nombre de réunions étant à ses yeux inutiles, il s'y soustrait en prétextant une tâche importante, un travail urgent à terminer et ajoute qu'untel, qui assistera à la réunion, lui fera rapport de son contenu.

Il recommande en outre d'éliminer toute une série d'informations. De se déconnecter, non seulement de sa messagerie, mais aussi des différents sites d'information, de ne plus regarder les nouvelles à la télé, de ne plus les suivre à la radio, etc. Pour lui, il ne s'agit pour l'essentiel que de perte de temps. D'autres peuvent, sans problème, se charger de résumer ces informations, en quelques secondes, en réponse à la question : « Quoi de neuf dans le monde ? » Pour l'auteur, ce qui n'est pas en lien avec les activités du moment est inutile. Aller à l'essentiel passe donc par l'élimination du superflu. C'est ce qu'il appelle « l'ignorance sélective ».

L'IGNORANCE SÉLECTIVE

L'auteur ne nous engage pas ici à nous désintéresser de tout et à ne plus nous informer. Simplement, dans le cadre d'une activité de « travail », dont le but est de limiter la contrainte et de maximiser les profits, il conseille de faire table rase de ce qui encombre, de ce qui fait perdre du temps, bref, de tout ce qui empêche d'aller directement à l'essentiel. Et par la suite, rien n'empêche non plus d'adopter cette même pratique pour les activités de loisir (lire un livre plutôt qu'un magazine, ou regarder un film d'auteur plutôt que de zapper pendant des heures à la télévision, par exemple).

Il élimine aussi ce qui déconcentre : les intrusions, les questions, etc. Mais attention, plutôt que ne pas répondre ou se dire systématiquement indisponible, il demande à ses interlocuteurs de faire vite. « Sois bref, je suis occupé » devient un leitmotiv, qui oblige son vis-à-vis à aller à l'essentiel et conséquemment à ne demander que ce qu'il n'est pas capable de résoudre par ailleurs.

Il entend encore décourager ceux qui lui mettent des bâtons dans les roues en les importunant à son tour. Il explique ainsi qu'il montait au front à chaque fois que, dans ses études, un travail n'était pas coté à la hauteur de ce qu'il attendait : il allait trouver l'assistant responsable de sa note et le matraquait de questions aussi longtemps qu'il le pouvait. Objectif : la fois suivante, l'assistant réfléchirait à deux fois avant de se montrer sévère (ou même aurait tendance à se montrer généreux). À la lecture de l'ouvrage, on peut toutefois s'interroger sur la pertinence ou l'efficacité de cette stratégie dans le cas où la personne réagit, soit en lui opposant un temps de réaction extrêmement court (« Sois bref, je suis occupé »), soit en lui occasionnant en réponse une charge de travail encore plus importante, entamant un cercle vicieux...

Rationaliser

Le second volet des recommandations de Tim Ferriss touche à la rationalisation ou à l'automatisation : regrouper des commandes, ne faire le travail qu'une fois, ne lire ses mails qu'une à deux fois par jour, puis par semaine, etc. D'ailleurs, il conseille même de différer l'envoi de ses mails afin de ne pas recevoir de nouvelle demande ou de réponse assortie d'une série de questions avant… le lendemain ! Il nous incite à en faire autant avec les appels téléphoniques : ne pas y répondre et n'en prendre connaissance qu'à un ou deux moments de la journée. Autre conseil qui a son importance : achats en ligne et paiements ne seront également effectués qu'une fois par semaine, voire moins.

EXEMPLE CONCRET DE RATIONALISATION

J'ai une idée de lancement d'un produit ou d'un service. Pour la mettre en œuvre, il me faut 50 000 €. Pour caricaturer, je peux démarcher entre 5 000 et 50 000 personnes, en leur demandant de me donner un montant de 1 à 10 €. C'est jouable, mais ça me prendra un temps fou.
Je peux aussi présenter mon produit (ou mon service) de manière avantageuse et m'adresser directement à ceux que cela peut intéresser, en demandant un financement participatif avec une mise initiale de minimum 100 €. Je ne dois ainsi plus toucher que 500 personnes… qui constitueront mon premier « carnet de commande » et dont je peux penser qu'elles feront, elles aussi dans un cercle ciblé, la promotion de mon produit, étant entendu qu'elles ont intérêt, en tant qu'investisseur initial, à ce qu'il fonctionne.

Externaliser

L'auteur s'appuie beaucoup sur l'externalisation, essentiellement en ce qui concerne les activités « lourdes » ou pour lesquelles il ne dispose pas de toutes les qualités requises. Quelqu'un d'autre s'en chargera, mieux et à moindre coût, ce qui lui laisse du temps libre pour tout autre chose ou pour quelque chose qu'il fait mieux et qui lui rapporte plus.

Ici, Tim Ferriss fait appel à une équipe d'assistants, tous virtuels. Ils travaillent eux-mêmes pour des plates-formes reconnues, ce qui évite des tracas en termes d'incapacité temporaire d'un assistant ou encore en ce qui concerne la confidentialité des données transmises.

Ces grandes plates-formes disposent en effet non seulement de davantage de ressources (technologiques et humaines), mais proposent aussi des contrats stricts, potentiellement plus éprouvés et contraignants (pour le prestataire) que des interlocuteurs « débutants » ou moins reconnus. D'après lui, il s'agit de ne confier qu'un petit nombre de tâches à effectuer en même temps (une ou deux), de fonctionner avec des délais courts (24 à 48 heures), et de demander régulièrement des comptes-rendus intermédiaires (en fin de journée ou de matinée par exemple) ainsi que le détail des sous-tâches effectuées.

Ceci dit, l'externalisation et la délégation ne sont pas seulement virtuelles. Un PDG peut ainsi organiser son travail de manière telle que, via des règles opérationnelles, ses collaborateurs (ou des prestataires extérieurs) soient en mesure de résoudre l'essentiel des problèmes qui se posent. Il peut ainsi limiter sa présence au bureau et gérer la société à distance, vu que l'essentiel de l'activité est piloté par des processus plutôt que par un directeur.

La muse de Ferriss

De ces trois principes naît le concept de « muse ». En français, ce mot, qui trouve son origine dans la mythologie grecque, définit soit une activité artistique, soit (et le plus souvent), une incarnation de l'inspiration. Chez Ferriss, la muse, essentiellement immatérielle, est l'idée qui, une fois transformée en business, permettra de générer passivement des revenus. En quelque sorte, elle est l'aboutissement de sa méthode.

Choisir son secteur

Une fois ces principes acquis, en ce qui concerne le développement de « nouvelles » activités, Ferriss met l'accent sur une parfaite connaissance du secteur et du public cible. Ainsi, alors qu'il était à l'université, il a connu un grand succès en s'adressant à des étudiants pour leur exposer une méthode d'amélioration de leurs performances en matière de vitesse de lecture. En revanche, sa cassette à l'attention des conseillers en orientation n'a rencontré aucun enthousiasme, n'étant pas lui-même conseiller et ne connaissant pas bien ce métier.

NOTIONS-CLÉS

Travail et valeur travail

Pourquoi travaillons-nous ? Le mot « travail » vient du latin *trepalium*, qui était un instrument de torture, alors que « chômage » vient lui aussi du latin, mais du verbe *caumare*, qui signifie « se reposer quand il fait chaud » ! L'étymologie du travail traduit donc bien la notion de contrainte qui y est liée : si je peux – parfois – choisir mon travail, je ne choisis pas de travailler. Mais cet impératif serait justement, selon Hegel (philosophe allemand, 1770-1831), ce qui fait de nous des humains : le labeur se fait libérateur par la double transformation qu'il opère, à savoir, dans un premier temps, la transformation de la nature pour la faire répondre à nos besoins ; et dans un second temps, la transformation de notre nature humaine conséquente à cette première étape. Marx (historien, philosophe et économiste allemand, 1818-1883) reprend cette idée en disant que l'homme humanise la nature, accédant par là à sa propre humanité.

On retrouve la valorisation du travail et du travailleur dans la propagande stakhanoviste – en référence à Alekseï Stakhanov (1906-1977), un ouvrier minier russe ayant battu des records de productivité – ou encore dans l'expression « *Arbeit macht frei* » (« Le travail libère »), tirée de l'ouvrage éponyme de Lorenz Diefenbach (philologue et lexicographe allemand, 1806-1883), dans lequel des joueurs trouvent la rédemption par le travail.

Cette conception du travail comme un garde-fou contre les vices de l'existence se rapproche également de *Candide* (1759) de Voltaire (écrivain français, 1694-1778), qui y présente le travail comme un moyen d'éloigner l'homme de l'ennui, du vice et du besoin.

Malgré tous ces bienfaits, ainsi que ses apports en termes de droits, de salaire, de reconnaissance, de sentiment d'utilité, d'intégration sociale et de protection par rapport à l'avenir, le travail est également décrié par Nietzsche (philosophe allemand, 1844-1900) comme la meilleure des polices en raison de la désindividualisation du travailleur, de sa soumission. Pour le penseur allemand, celui qui ne dispose pas des deux tiers de sa journée pour lui-même doit être considéré comme un esclave. On trouve ici la différence entre temps libre et oisiveté, le temps consacré à soi devant aussi l'être pour la culture, la beauté, l'échange, etc. On observe ces mêmes idées chez Keynes (économiste britannique, 1883-1946). Ce dernier souhaitait, dans une vision utopique à développer à l'échelle du siècle, que l'économie devienne une science secondaire et avec elle la recherche effrénée de la richesse et de la rentabilité. Dans ce monde meilleur auquel il aspirait, l'art et la culture occupaient une place prépondérante.

Quant à la valeur travail, on entend par cette expression le fait de calculer la valeur d'un bien en fonction de la quantité de travail (direct et indirect) requis pour sa production.

Par rapport à ces définitions, contrairement à ce que le titre de l'ouvrage peut laisser penser, Tim Ferriss n'est pas dans un postulat de réduction du temps de travail. Il le reconnaît d'ailleurs lui-même, le titre a été choisi essentiellement pour des raisons de marketing et il ne s'agit pas tant d'encourager à travailler moins qu'à travailler autrement.

Externalisation

C'est presque un leitmotiv de Ferriss, sous-traiter ce qui est pesant ou ce que d'autres pourraient faire mieux et à moindre coût. Pour lui, il est clairement plus pertinent, mais surtout plus rentable, de miser sur ses qualités et d'externaliser ses points faibles. Il illustre ce propos par un exemple : il est plus facile de faire un 10 que cinq 8.

Loi de Pareto

La loi de Pareto est le résultat des observations de l'économiste italien Vilfredo Pareto (1848-1923), suivant lesquelles 80 % des propriétés italiennes sont la propriété de 20 % de la population. Par extension, il en déduit que dans un certain nombre de domaines, 80 % des produits (ou des outputs) sont le fait de 20 % des ressources (ou des inputs). Ce principe est applicable à de nombreux domaines et permet une meilleure clairvoyance dans la gestion de ses priorités : si 80 % du chiffre d'affaire d'une société viennent de 20 % des clients, autant se concentrer sur ces derniers. Un client perdu, s'il ne rapporte rien ou quasi rien, n'est finalement pas important. Si 80 % de mes revenus sont générés par seulement 20 % de mon travail, je me concentre sur ces points-là et j'externalise (ou je laisse tomber) le reste. Ou encore, si je tire 80 % de satisfaction de 20 % de mes actions, je peux, là aussi, externaliser ou abandonner celles qui me procurent, *in fine*, plus de tracas ou de complications que de contentement.

Loi de Parkinson

La loi de Parkinson décrit une sorte d'effet boule de neige appliqué à l'organisation du travail. Selon ce principe, le temps consacré à un travail augmente jusqu'à occuper tout l'espace qui lui est affecté. Le travail est complexifié de par la multiplication des sous-tâches mises en place pour sa réalisation, d'une part, ainsi que par la multiplication parallèle des intervenants ou des exécutants.

Là où cette loi rejoint le propos de Ferriss, c'est notamment en ce qui concerne la perte de temps « social », le temps consacré aux réunions, les réponses aux e-mails qui doivent se faire « en temps réel » et le manque d'autonomie de certains travailleurs. Ferriss nous propose donc de contrer cette loi par l'application de ses trois grands principes (éliminer, rationaliser, externaliser). C'est également pour combattre cette loi qu'il met l'accent sur l'indispensable précision dans les termes de tout travail demandé à autrui : quelles tâches précisément et dans quels délais ?

RÉPERCUSSIONS DE L'OUVRAGE

Bien que son auteur soit inconnu du public avant la parution de *La semaine de 4 heures*, ce livre est arrivé en tête des ventes lors de sa sortie, suivant le *New York Times*, le *Wall Street Journal* et le *Business Week*, principalement en raison d'une promotion active par l'intermédiaire de blogueurs avec lesquels Tim Ferriss était en relation ; une technique pour laquelle il a été primé depuis.

Depuis d'édition de son ouvrage, l'entrepreneur est ainsi considéré comme une sorte de gourou. L'importance de sa personnalité a été mise en avant par l'expression « *The Tim Ferriss's effect* » (« L'effet Tim Ferriss »), lancée par l'écrivain américain Michael Ellsberg (né en 1977), après qu'un commentaire sur son livre posté sur le blog de Ferriss ait, d'après lui, entraîné une augmentation des ventes supérieures à « un article dans le *New York Times* et 3 minutes sur CNN ». À n'en pas douter, il est charismatique. Son parcours et une réflexion sur ses envies et ses capacités lui servent d'ailleurs de point de départ pour son livre. Sa démarche et ses recommandations s'appuient donc sur des récits de vies, la sienne d'abord, celles d'autres ensuite.

CRITIQUES DE SON APPROCHE

Même s'il pose tôt la question du sens de la possession ou de l'action, l'une des limites les plus évidentes de l'ouvrage tient à la mise en avant de la personnalité, à l'individualisme de l'entrepreneur, sans prétendre à aucune idéologie. Il n'est pas question ici de responsabilité sociale, environnementale, etc. ; si ces approches peuvent intervenir, ce sera du fait du caractère de l'entrepreneur et non du sens de la démarche. On est loin d'une définition « positive » de l'investisseur, telle que pouvait en donner Keynes (qui différenciait là l'investisseur du rentier).

Ainsi, l'auteur recommande de vendre des produits chers, de s'adresser de la sorte à une clientèle limitée de gens aisés. Pour lui, cela n'a que des avantages : une clientèle restreinte signifie suivi et charge de travail moindre ; une clientèle aisée signifie moins de soucis de paiement ; un prix de vente élevé signifie une marge élevée, qui assure de la trésorerie permettant de faire face à d'éventuels coups durs. Et quand il parle de marge élevée, il parle d'un prix de vente de 8 à 10 fois supérieur au coût du produit !

Il base cependant ses recommandations sur une muse d'autant plus efficace qu'elle s'exerce dans un environnement de niche économique, où la concurrence est faible. C'est dans ce genre d'environnement qu'il a réalisé l'essentiel de son expérience, avec ses produits d'amélioration de performance. Or, pour une série de produits ou de services, une telle marge semble difficilement tenable. Il mentionne par exemple l'article d'un journaliste et auteur américain, A. J. Jacobs, qui s'intitule « Comment j'ai sous-traité ma vie ». L'homme se présente comme auteur et journaliste travaillant essentiellement au départ de son domicile et externalisant une partie importante de son travail, à savoir la recherche documentaire et la rédaction de documents synthétiques. Maintenant, imaginons un journaliste pigiste belge payé au tarif brut de 1,09 € pour une ligne de 60 signes. Un article de 1 000 à 1 200 signes (soit environ deux pages A4) lui rapporterait entre 18 et 22 € bruts. Peut-on vraiment croire qu'il s'y retrouvera financièrement s'il se sous-traite ? Ou alors, il a déjà un nom, en lui-même vendeur...

L'auteur est par ailleurs suspecté d'encourager la tricherie, un aspect qu'on retrouve dans sa victoire en Sanda en 1999. Dans son ouvrage, il affirme d'ailleurs que « toutes les règles peuvent être contournées ou enfreintes, sans pour autant devenir un truand ». Accentuant ce trait, Ferriss n'hésite pas à donner des conseils qui relèvent davantage de « blagues de potache » que de véritables recommandations. Ainsi, pour éviter la perte de leur bagage, il conseille aux voyageurs américains de mettre une arme de poing sans munition dans leur valise. Ainsi détecté, ce bagage fera l'objet d'une signalétique et d'une attention particulière par les services de sécurité et ne sera pas égaré...

Ferriss mise aussi beaucoup sur l'instantanéité et la simultanéité. C'est également une des limites de « l'ignorance sélective » : quid de toutes les connaissances que nous acquérons, des informations que nous entendons, que nous lisons, que nous voyons et qui ne trouveront d'utilité que plus tard, voire en corrélation avec d'autres ? Cette conception ne conduit-elle pas à une approche par trop cloisonnée du savoir, selon laquelle chacun ne devrait acquérir que les connaissances strictement nécessaires à ses activités du moment ? Parallèlement, les astuces qu'il présente pour devenir en quatre semaines un expert en n'importe quelle matière, en approfondissant uniquement certains aspects d'une matière afin d'être capable d'en parler en donnant le change, relèvent plutôt de l'apologie de la futilité, même s'il clôt le passage par « présenter la vérité sous ses meilleurs atours, et non l'inventer de toutes pièces, telle est la règle du jeu ».

Le blog de l'auteur met l'accent sur le développement personnel, qu'il s'agisse de force mentale ou de repousser les limites physiques de son corps, mais d'une façon très spectaculaire ; on pourrait presque parler de mise en scène. Ainsi, un des post les plus populaires porte sur la déshydratation extrême (« How To Lose 20-30 Pounds In 5 Days: The Extreme Weight Cutting and Rehydration Secrets of UFC Fighters », soit en français : comment perdre 10 à 15 kilos en 5 jours : les secrets de perte de poids et de réhydratation des boxeurs de l'UFC). Un autre post montre l'auteur en compagnie d'une de ses lectrices qui, grâce à ses conseils, est parvenue à passer d'un travail pénible à un travail créatif (« Whitney Cummings on Turning Pain Into Creativity »). Chaque article renvoie vers des fichiers audio et vidéo du Tim Ferriss Show, un podcast d'interviews de personnalités prospères dans leur domaine.

Nous sommes donc toujours dans des présentations concrètes, certes. Des expériences vécues. Mais le tout reste extrêmement autocentré et autoréférentiel, et manque de mise en perspective.

Notons que, sur le Net, ce livre n'est pas commenté comme un livre de management ou d'économie. Les propos, qu'ils l'adulent ou le contestent, portent souvent davantage sur la personnalité de son auteur et sur le marketing que sur des considérations économiques et théoriques. Sur le site du *New York Times*, l'article « The World According to Tim Ferriss » figure d'ailleurs dans la rubrique « Fashion & Style » !

EXTENSIONS ET APPROCHES SIMILAIRES

L'approche de Timothy Ferriss constitue en quelque sorte une synthèse d'une part des différents courants issus du développement personnel, d'autre part du management de l'externalisation. En ce sens, l'ouvrage rejoint les tendances actuelles du coaching personnalisé.

Ceci dit, étant donné que Tim Ferriss ne se présente ni comme un essayiste ni comme un théoricien – et ce n'est probablement pas son ambition –, il n'est pas à l'origine d'un courant théorique original qui s'appuierait sur une méthode développée sur ses recommandations. Tim Ferriss se base sur sa propre expérience et sur le récit de personnes ayant suivi ses conseils. Il s'agit donc pour l'essentiel de « récits de vie » de première main, pris au premier degré, c'est-à-dire sans mise en perspective théorique ni analyse approfondie, qui participent de la notion plus large de développement personnel. Certes, son livre est un best-seller et fait des émules, particulièrement sur le Net, mais on ne peut pas pour autant parler d'un réel mouvement de pensée. Il a du succès. Beaucoup de gens achètent ses livres. Beaucoup suivent ses conseils. Il a certainement changé la vie d'une partie d'entre eux, pour lesquels il y aura un avant et un après. Mais au-delà ce succès, on ne peut malgré tout pas parler d'une révolution d'ampleur dans la pratique.

- Excellence : se basant sur sa propre expérience, Timothy Ferriss affirme que les objectifs a priori irréalistes sont plus faciles à atteindre que les réalistes. Au sommet, la concurrence est faible, alors que « dans la moyenne », elle est féroce. Le propos de Ferriss est donc de développer, au quotidien et pour tout un chacun, ses points d'excellence en vue d'atteindre ses objectifs, voire de les dépasser. Les autres aspects du travail, ceux qui ne sont pas liés à ses points forts ou au dépassement de soi, doivent être externalisés.
- Externalisation : une part importante de cette externalisation passe par les nouvelles technologies et le recours à l'automatisation des tâches, qui permet de libérer du temps, puis, une fois le concept de la muse bien en place, il doit pouvoir conduire à une automatisation des revenus.
- Aller à l'essentiel : pour optimiser le temps consacré à son travail, Tim Ferriss recommande aussi d'éliminer, outre ses points faibles, tout ce qui prend du temps et ne rapporte rien ou pas assez. Se déconnecter de l'information en est l'un des aspects, tout comme le fait de limiter autant que faire se peut le nombre et la durée des réunions, de différer les réponses à ses coups de fil ou à ses e-mails, etc. Bref, il s'agit de se consacrer entièrement à son travail, celui dans lequel on est bon, rendu aussi peu contraignant que possible et clairement défini.
- Concept de travail : finalement, c'est la notion de travail qui change. Ce dernier consiste, pour l'auteur, d'une part à gérer les ressources concernant ce que je fais moins bien et que j'ai externalisé ou délégué et, d'autre part, à optimiser et valoriser mes connaissances et compétences. Une partie des tâches quotidiennes ne sont donc plus considérées comme du travail – accorder un entretien par exemple –, parce qu'il s'agit d'actions effectuées pour soi, sans contrainte.

Votre avis nous intéresse !

*Laissez un commentaire sur le site de votre librairie en ligne
et partagez vos coups de cœur sur les réseaux sociaux !*

POUR ALLER PLUS LOIN

SOURCES BIBLIOGRAPHIQUES

- Blog de Timothy Ferriss, *The 4-Hour Workweek.*
  http://fourhourworkweek.com/
- BRUNI (Frank), « Individualism in Overdrive », in *New York Times*,
  juillet 2012, consulté le 15 février 2016.
  http://www.nytimes.com/2012/07/17/opinion/bruni-individualism-
  in-overdrive.html
- FERRISS (Timothy), « How To Lose 20-30 Pounds In 5 Days:
  The Extreme Weight Cutting and Rehydration Secrets of UFC
  Fighters », in *The 4-Hour Workweek*, mai 2013, consulté le
  15 février 2016.
  http://fourhourworkweek.com/2013/05/06/how-to-cut-weight-ufc/
- FERRISS (Timothy), *La semaine de 4 heures. Travaillez moins, gagnez
  plus et vivez mieux !*, Montreuil, Pearson, 2010.
- FERRISS (Timothy), « Whitney Cummings on Turning Pain Into
  Creativity », in *The 4-Hour Workweek*, juin 2015, consulté le
  15 février 2016.
  http://fourhourworkweek.com/2015/06/26/whitney-cummings/
- ROLAND (Olivier), « Interview de Tim Ferriss : la vérité sur *La
  semaine de 4 heures* », in *Blogueur pro*, consulté le 15 février 2016.
  http://blogueur-pro.com/tim-ferris
- ROSENBLOOM (Stephanie), « The World According to Tim Ferriss »,
  in *New York Times*, mars 2011, consulté le 15 février 2016.
  http://www.nytimes.com/2011/03/27/fashion/27Ferris.html

SOURCES COMPLÉMENTAIRES

- Bakan (Joel), *The Corporation. The Pathological Pursuit of Profit and Power*, New York, Free Press, 2005.
- Crozier (Michel) et Friedberg (Erhard), *L'acteur et le système*, Paris, Seuil, 1977.
- Hill (Napoleon), *Réfléchissez et devenez riche*, Paris, J'ai lu, 2011.
- Maris (Bernard), *Keynes ou l'économiste citoyen*, Paris, Presses de Sciences Po, coll. « La bibliothèque du citoyen », 1999.
- Rifkin (Jeremy), *La fin du travail*, Paris, La Découverte, 1996.

FILM ET DOCUMENTAIRE

- *The Corporation*, film documentaire de Jennifer Abbott et Mark Achbar, Canada, 2003.

50MINUTES

Art & Littérature

Business & Economics

Histoire & Société

SOYEZ LÀ
OÙ ON NE VOUS ATTEND PAS !

www.50minutes.com

© 50MINUTES, 2016. Tous droits réservés. Pas de reproduction sans autorisation préalable.
50MINUTES est une marque déposée.

www.50minutes.com

Éditeur responsable : Lemaitre Publishing
Avenue de la Couronne 382 | BE-1050 Bruxelles
info@lemaitre-editions.com

ISBN ebook : 978-2-8062-7810-4
ISBN papier : 978-2-8062-7811-1
Dépôt légal : D/2016/12603/144
Photo de couverture : © Gina Sanders - Fotolia.com

Conception numérique : Primento,
le partenaire numérique des éditeurs